中华人民共和国行业标准

公路工程行业标准制修订管理导则

Management Regulation for Compilation and Revision of Highway Engineering Standards

JTG A02—2013

主编单位：交通运输部公路局
　　　　　中国工程建设标准化协会公路分会
批准部门：中华人民共和国交通运输部
实施日期：2013 年 05 月 01 日

人民交通出版社

图书在版编目（CIP）数据

公路工程行业标准制修订管理导则.JTG A02—2013／交通运输部公路局，中国工程建设标准化协会公路分会主编.—北京：人民交通出版社，2013.4
ISBN 978-7-114-10544-9

Ⅰ.①公… Ⅱ.①交…②中… Ⅲ.①道路工程—标准—中国 Ⅳ.①U41-65

中国版本图书馆CIP数据核字（2013）第069443号

标准类型：	中华人民共和国行业标准
标准名称：	公路工程行业标准制修订管理导则
标准编号：	JTG A02—2013
主编单位：	交通运输部公路局 中国工程建设标准化协会公路分会
责任编辑：	吴有铭　李　洁
出版发行：	人民交通出版社
地　　址：	（100011）北京市朝阳区安定门外外馆斜街3号
网　　址：	http：//www.ccpress.com.cn
销售电话：	（010）59757973
总 经 销：	人民交通出版社发行部
经　　销：	各地新华书店
印　　刷：	北京市密东印刷有限公司
开　　本：	880×1230　1/16
印　　张：	2.5
字　　数：	56千
版　　次：	2013年4月　第1版
印　　次：	2014年12月　第2次印刷
书　　号：	ISBN 978-7-114-10544-9
定　　价：	15.00元

（有印刷、装订质量问题的图书，由本社负责调换）

中华人民共和国交通运输部

公 告

2013 年第 29 号

交通运输部关于发布《公路工程行业标准制修订管理导则》和《公路工程标准编写导则》的公告

现发布《公路工程行业标准制修订管理导则》(JTG A02—2013)、《公路工程标准编写导则》(JTG A04—2013)，自 2013 年 5 月 1 日起施行，原《公路工程行业标准管理导则》(交公路发〔2001〕620 号) 同时废止。

导则的管理权和解释权归交通运输部，日常解释和管理工作由交通运输部公路局负责。

请各有关单位在实践中注意总结经验，及时将发现的问题和修改意见函告交通运输部公路局（地址：北京市建国门内大街 11 号，邮政编码：100736），以便修订时参考。

特此公告。

中华人民共和国交通运输部
二〇一三年三月二十二日

交通运输部办公厅　　　　　　　　　　　　　　　　2013 年 3 月 27 日印发

前 言

为指导和规范公路工程行业标准的制修订管理工作,根据交通运输部交公路发〔2008〕147号文《关于下达2008年度公路工程标准制修订项目计划的通知》的要求,由交通运输部公路局和中国工程建设标准化协会公路分会承担《公路工程行业标准制修订管理导则》(JTG A02)(以下简称"本导则")的制定工作。

本导则的编制工作依据《中华人民共和国标准化法》、《中华人民共和国公路法》及相关法律法规,全面总结了多年来我国公路工程行业标准制修订管理工作的经验,充分借鉴和吸收了国内其他行业的相关标准和规定,对公路工程行业标准制修订管理工作的内容和程序要求作了全面的规定。本导则作为公路工程行业标准制修订管理工作的基础标准,将对推动公路工程行业标准化工作,提高公路工程行业标准制修订质量,促进公路交通事业健康、协调、持续发展,起到积极的作用。

本导则共分为8章和4个附件,分别是:1总则、2标准体系、3标准立项管理、4标准的制修订、5标准的发布、6标准的日常管理、7局部修订、8标准的复审;附件1交通运输部公路工程行业标准立项申请报告、附件2标准制修订项目立项申请报告初审意见表、附件3标准制修订项目立项申请报告初审意见汇总表、附件4交通运输部公路工程行业标准制修订合同。

本导则围绕公路工程行业标准制修订过程中的各项管理工作,按工作程序逐章展开,以使标准管理和编写单位、人员能准确理解和把握公路工程行业标准制修订管理工作的具体内容、规定与相关要求。

请各有关单位在执行过程中,将发现的问题和意见,函告本导则日常管理组,联系人:刘怡林(地址:北京市海淀区西土城路8号,中国工程建设标准化协会公路分会,邮编:100088;电话及传真:010-62079983;电子邮箱:shc@rioh.cn),以便修订时参考。

第一主编单位:交通运输部公路局
第二主编单位:中国工程建设标准化协会公路分会
主　　　编:李春风
主　　　审:李　华　成　平
参与审查人员:陈永耀　张劲泉　霍　明　赵君黎
　　　　　　　　刘怡林　赵尚传　吴有铭

目　次

1 总则 1
2 标准体系 2
3 标准立项管理 3
　3.1 立项程序与条件 3
　3.2 编写单位和人员要求 3
　3.3 主审人员 5
　3.4 立项审批 6
4 标准的制修订 8
　4.1 一般规定 8
　4.2 大纲阶段 8
　4.3 征求意见稿阶段 10
　4.4 送审稿阶段 11
　4.5 总校阶段 12
　4.6 报批稿阶段 13
5 标准的发布 14
6 标准的日常管理 15
7 局部修订 16
8 标准的复审 17
附件1　交通运输部公路工程行业标准立项申请报告 19
附件2　标准制修订项目立项申请报告初审意见表 23
附件3　标准制修订项目立项申请报告初审意见汇总表 24
附件4　交通运输部公路工程行业标准制修订合同 25

1 总则

1.0.1 为加强公路工程行业标准制修订管理工作，提升行业标准制修订水平，保证行业标准编制质量，制定本导则。

1.0.2 本导则适用于公路工程行业强制性标准和公路工程行业推荐性标准制修订工作的管理，不适用于公路工程行业产品类标准制修订工作的管理。

1.0.3 公路工程行业标准分为公路工程行业强制性标准和公路工程行业推荐性标准。

1.0.4 公路工程行业强制性标准应对公路工程中直接涉及质量、安全、人体健康、资源节约、环境保护和耐久等公众利益的限值、控制性技术提出要求或规定。

1.0.5 公路工程行业推荐性标准应对公路工程中有利于提升质量和提高效率，保证安全、耐久和人体健康，促进资源节约和环境保护等方面具有推荐性质的指标、方法等提出要求或规定。

1.0.6 本导则所述的公路工程行业标准制修订工作的管理，主要包括：标准体系规划，标准立项、制修订、审查、发布、宣贯、释义、复审和标准实施的监督等。

1.0.7 交通运输部负责全国公路工程行业标准的管理工作，交通运输部公路工程行业标准主管部门是公路工程行业标准管理工作的职能部门，负责具体管理工作。

2 标准体系

2.0.1 公路工程行业标准体系是由与公路工程行业建设和管理工作有关的标准组成的系统。

2.0.2 公路工程行业标准体系的建立应以结构优化、覆盖全面、重点突出、数量合理为原则,以实现公路工程建设和管理的标准化为目的。

2.0.3 公路工程行业标准体系应包括公路工程规划、建设、管理、养护和服务等所需要的技术、质量、安全、人体健康、资源节约、环境保护、耐久和造价等方面的标准。

3 标准立项管理

3.1 立项程序与条件

3.1.1 标准立项按项目申报、项目初审、项目核准和项目下达的程序进行。

3.1.2 新标准制订或对已有标准修订的项目申报应满足下列条件：
1 符合公路工程行业标准体系的要求。
2 贯彻国家有关质量、安全、人体健康、资源节约和环境保护等新政策需要。
3 当前工作急需。
4 现行标准与行业发展不相适应。

3.1.3 公路工程行业标准项目的申报应于每年 5 月底前向交通运输部公路工程行业标准主管部门提交下一年度"交通运输部公路工程行业标准立项申请报告"，格式及相关要求见附件 1。

3.1.4 公路工程行业标准制修订项目编制经费按交通运输部有关规定执行，制修订项目完成时间应自编制大纲审查会之日起，不超过两个日历年。

3.2 编写单位和人员要求

3.2.1 申报和参加公路工程行业标准制修订项目编写工作的单位简称参编单位。参编单位应符合下列要求：
1 具有法人资格。
2 具备相应专业人员和良好资信。
3 承担过与拟参编标准有关的技术工作。
4 能够保障派出参编人员的工作时间并按合同计划保证质量地完成制修订任务。

3.2.2 主持公路工程行业标准制修订项目编写工作的单位简称主编单位。主编单位除应符合本导则第 3.2.1 条的要求外，尚应满足下列条件：
1 在拟主编的公路工程行业标准相关专业领域中具有技术优势，并能组织解决该标准制修订中的重大技术问题。

2 能够选派出具有丰富实践经验、较高技术水平和组织管理水平的本单位在职技术人员担任主编。
3 能够保障提供标准制修订所需的人员和技术等支持。
4 本单位人员所承担的编写工作量应不少于标准总章数的40%且不得大于70%。

3.2.3 公路工程行业标准制修订工作实行主编单位负责制。

3.2.4 主编单位应承担下列主要工作：
1 负责所主编的标准制修订项目的进度和质量，负责标准制修订工作的具体组织，包括筹备成立编写组以及日常的督促和检查。
2 负责所主编标准发布后的宣贯。
3 负责所主编标准发布后的日常管理工作。
4 参与有关工程质量事故的调查和处理。
5 参加相关的国际标准会议。

3.2.5 主编即为编写组组长，应符合下列条件：
1 具有从事与该标准有关技术工作十五年以上的经验。
2 具有正高级或五年以上高级技术职称。
3 熟悉国家有关技术经济政策，并具有较强的书面表达能力。
4 能够保证投入足够的时间和精力进行标准编写和组织标准编写工作。
5 具备组织和协调编写工作的能力。

3.2.6 主编应承担下列主要工作：
1 组织并主持编写组工作会。
2 组织协调参编人员工作。
3 负责制修订工作总体进度和质量。
4 亲自执笔起草标准正文有关章节的条文及条文说明。
5 负责标准制修订各阶段统稿工作。
6 负责标准编写过程中各审查阶段的总体汇报工作。
7 负责标准日常解释和宣贯把关工作。

3.2.7 参加公路工程行业标准制修订项目编写工作的人员为参编人员。参编人员应符合下列要求：
1 具有从事与该标准有关技术工作十年以上的经验。
2 具有高级及高级以上技术职称。
3 具有与所承担标准编写内容有关的专业特长和优势。
4 具有相应的书面表达能力。

5 能够保证投入足够的时间和精力参加标准编写工作。

3.2.8 参编人员应承担下列主要工作：
1 按要求参加编写组工作会以及编写组组织的与标准编写有关的各项活动。
2 执笔起草标准正文条文及条文说明，承担不少于10%的文字工作量，并保证编写进度和质量。
3 服从主编对标准制修订工作的总体要求。
4 为标准管理组提供标准释义的书面资料。
5 负责自己承担的标准编制部分的独立汇报工作。
6 负责自己承担的标准编制部分的日常解释和宣贯工作。

3.2.9 每本标准的主编单位宜为一个，特殊情况下，可由两个单位担任主编，但应明确第一主编单位和第二主编单位；参编单位数量应根据每本标准的内容和工作量确定，但不宜多于6个。主编单位及参编单位列入编写人员（包括主编和主要参编人员）名单的人员数量宜控制在12人以内。

3.2.10 公路工程行业标准的主编单位应在标准制修订单位排名中列首位，参编单位应按承担编写工作量的大小排序。

3.2.11 公路工程行业标准的编写人员应在标准前言中说明，主编单独列出，其他参编人员按承担编写工作量的大小排序并列出。标准编写工作分工可在前言中按章节顺序说明。

3.2.12 对在标准编制过程中提供技术、科研、试验验证等支持且贡献比较突出而未具体承担标准编写的单位，可作为标准的参加单位，但不得列入参编单位名单。

3.2.13 对公路工程行业标准的制修订工作提供了重要技术支撑但未执笔编写的人员，应在标准的前言中对其贡献和作用予以体现，但不得列入标准编写人员名单。

3.3 主审人员

3.3.1 主审人员为标准制修订的代部审查专家，参加标准制修订各阶段审查工作，由交通运输部公路工程行业标准主管部门视标准制修订工作需要确定。在标准前言中应单独列出主审人员名单。

3.3.2 主审人员应符合本导则第3.2.5条的相关要求。

3.3.3 主审人员有关标准审查的工作费用由主编单位负责。

3.3.4 主审人员所在单位应大力支持公路工程行业标准的审查工作，保障主审人员必要的工作时间和条件。

3.4 立项审批

3.4.1 交通运输部公路工程行业标准主管部门委托"中国工程建设标准化协会公路分会"（以下简称"中建标公路分会"）组织专家按本导则第3.1节和3.2节的相关要求对"交通运输部公路工程行业标准立项申请报告"进行初审。

参加初审的专家应具有专业代表性，且每个专业不宜少于三人，必要时可邀请省（自治区、直辖市）交通运输主管部门的代表参加。初审专家应填写初审意见表（附件2）。

"中建标公路分会"应行文向交通运输部公路工程行业标准主管部门报送下一年度推荐立项的公路工程行业标准制修订项目建议报告，包括：项目名称、主要内容、主编单位、编制经费等，同时应附初审意见汇总表（附件3）。

3.4.2 交通运输部公路工程行业标准主管部门应根据初审意见拟定公路工程行业标准制修订年度计划草案，包括项目名称和承担单位等，并行文向年度计划草案中的项目主编单位通报审查意见，包括：项目名称、主编单位、主编、计划完成时间、编制经费以及审查后的变化情况。

3.4.3 主编单位在接到通报审查意见的文后，应向交通运输部公路工程行业标准主管部门提交书面确认函。

3.4.4 交通运输部公路工程行业标准主管部门应在初审结果及主编单位确认函的基础上确定拟立项的公路工程行业标准制修订年度项目，并按程序报批，同时上网公示。

3.4.5 交通运输部公路工程行业标准主管部门应下达公路工程行业标准制修订年度项目预通知，通知内容包括：项目名称、主编单位、主编人员、主审人员、计划完成时间和预算经费等。

3.4.6 主编单位应根据公路工程行业标准制修订年度项目预通知，开展标准编制大纲的编写工作。

3.4.7 公路工程行业标准制修订项目正式批准后，交通运输部公路工程行业标准主管部门应行文向各主编单位下达年度公路工程行业标准制修订项目通知，包括：项目名称、主编单位、主编人员、主审人员、计划完成时间和预算经费等，同时抄送各省（自治区、直辖市）交通运输主管部门，并上网公布。

3.4.8 交通运输部公路工程行业标准主管部门应与各主编单位签订"交通运输部公路工程行业标准制修订合同"，作为项目执行和验收的依据，合同格式及相关要求见附件4。

4 标准的制修订

4.1 一般规定

4.1.1 交通运输部公路工程行业标准主管部门负责标准制修订的督查和检查，组织并主持标准的编制大纲和送审稿的审查。

4.1.2 主审人员应对制修订各阶段稿件独立提出审查意见。主审人员可受交通运输部公路工程行业标准主管部门委托，主持所负责主审的标准的编制大纲和送审稿的审查。

4.1.3 标准的制修订工作包括编制大纲、征求意见稿、送审稿、总校稿和报批稿五个阶段。

4.2 大纲阶段

4.2.1 主编单位应在交通运输部公路工程行业标准主管部门下达标准制修订工作预通知起一个月内完成标准制修订工作的筹备工作，包括：
 1 落实本单位对标准制修订工作的保障措施。
 2 落实标准制修订所需的人员和技术等支持。
 3 建立主编单位内部专家审查制度。
 4 落实主编及本单位参编人员的职责和工作量。
 5 根据标准制修订工作的需要和条件要求，落实参编单位和参编人员，筹建编写组。
 6 召开标准制修订第一次工作会议。

4.2.2 主编单位主持标准制修订第一次工作会议，会议应包括下列内容：
 1 确定参编单位，商定编写组成员和分工，以及工作纪律。
 2 学习有关标准化文件。
 3 研究制订标准编制大纲。
 4 宣布主编单位内部审查制度。
 5 形成标准制修订第一次工作会会议纪要。

4.2.3 主编单位应对编写组提交的标准编制大纲组织内部审查，并形成书面审查意见。

4.2.4 主编单位应在交通运输部公路工程行业标准主管部门下达标准制修订工作预通知起两个月内，行文向交通运输部公路工程行业标准主管部门报送标准制修订编制大纲等有关文件，报送文件应包括：
1 送审函；
2 标准编制大纲（包括工作大纲和编写大纲）；
3 标准编写组第一次工作会议纪要；
4 主编单位内部审查意见。

4.2.5 交通运输部公路工程行业标准主管部门对主编单位报送的标准编制大纲等文件进行初审，初审合格后将行文召开标准编制大纲审查会。

标准编制大纲审查会审查人员由该标准主审人员（如有）、相关专业专家和交通运输部公路工程行业标准主管部门代表组成，人数应不少于9名。编写组全体成员应参加标准编制大纲审查会。

4.2.6 标准编制大纲审查会应重点对下列内容进行审查：
1 标准制修订的指导思想、原则及工作方法；
2 调研的主要问题及调研方法、数量和范围；
3 测试验证项目、数量、方案；
4 标准的框架结构；
5 标准的适用范围；
6 标准各章节修改意见或建议，包括名称是否合理、内容是否明确、重点是否突出等；
7 标准编制进度计划；
8 标准编写组人员组成及编写工作分工；
9 形成并通过标准编制大纲审查会会议纪要。

4.2.7 交通运输部公路工程行业标准主管部门行文印发标准编制大纲审查会会议纪要，纪要应包括下列主要内容：
1 编制大纲审查意见和建议，包括不同意见以及遗留问题；
2 标准编写组人员组成及编写工作分工；
3 会议审查人员名单、主审人员（如有）、编写组参会人员及其他主要参会人员名单。

4.2.8 主编单位应根据标准编制大纲审查会会议纪要精神，组织修改完善编制大纲，并应在纪要下发一个月内，将修改后的编制大纲行文报交通运输部公路工程行业标准主管部门核备，已明确主审人员的标准应同时抄送主审人员审核。

4.2.9 报备后的编制大纲十个工作日内无异议的应视为项目制修订合同的附件并作为项目验收的依据。

4.3 征求意见稿阶段

4.3.1 应按报备编制大纲确定的调研方案完成全部调研工作并形成调研报告。

4.3.2 调研报告应由主编单位行文报交通运输部公路工程行业标准主管部门，调研报告内容应包括：
1 调研的基本情况；
2 当前公路工程行业存在的或与所编写标准有关的主要技术问题和需求；
3 相关的工程经验总结；
4 对国内外相关标准和科研成果的总结及应用分析；
5 测试验证的主要项目及结论；
6 对公路工程行业相关技术政策的建议。

4.3.3 对调研中涉及的公路工程行业重大技术、政策调整，应在调研报告中进行专题论证，并完成专题论证报告。专题论证报告应由主编单位经内部审核后行文报交通运输部公路工程行业标准主管部门，由交通运输部公路工程行业标准主管部门或由其委托"中建标公路分会"组织验收，形成验收意见并明确其结论可否纳入标准征求意见稿。

4.3.4 主编单位应按时完成征求意见稿条文及条文说明。征求意见稿及条文说明由主编单位行文一式两份报交通运输部公路工程行业标准主管部门备案。

4.3.5 主编单位应行文将征求意见稿及条文说明寄送全国各省（自治区、直辖市）交通运输厅（局、委）征求意见，同时应征求有关单位和不少于9名专家的意见。

4.3.6 主编单位应组织召开征求意见会，邀请有关省（自治区、直辖市）交通运输厅（局、委）代表和有关专家不少于20人参加会议。征求意见会由主编单位主持，并应形成会议纪要。

4.3.7 编写组应按标准的章、节归纳整理书面反馈和征求意见会意见，逐一提出处理意见并汇总成表。

4.3.8 如需进行补充调研、验证或论证，应由主编单位组织补充调研。

4.4 送审稿阶段

4.4.1 编写组应对征求意见稿进行修改完善，形成送审稿正文及条文说明。

4.4.2 当制修订的内容对工程实施有可能产生较大的直接影响时，主编单位应按拟提交的送审稿组织试设计或施工建设、运营试用，并对新标准使用所产生的影响范围和结论进行定性和定量的评价。

4.4.3 送审文件经主编单位内部审查并出具意见后，由主编单位行文报送交通运输部公路工程行业标准主管部门，已明确主审人员的标准应同时抄送主审人员。送审文件应包括：
  1 送审函；
  2 送审报告（主要工作过程，主要论证、验证、调研的内容及结论，重点内容确定的依据及成熟程度，与国外水平的对比，存在的问题和建议等）；
  3 送审稿正文及其条文说明；
  4 主编单位内部审查意见；
  5 征求意见阶段意见汇总处理表；
  6 专题论证报告验收意见；
  7 试设计或施工报告；
  8 审查会议代表、专家建议名单。

4.4.4 交通运输部公路工程行业标准主管部门和主审人员对主编单位报送的标准送审文件进行初审，以确定是否具备召开审查会的条件。具备下列条件的可召开送审稿审查会：
  1 已按编制大纲要求的内容、数量、范围和深度完成所有调研、测试验证、论证等工作并形成报告。
  2 已完成需补充调研、测试验证、论证等工作并形成报告。
  3 已按本导则第4.4.1、4.4.2及4.4.3条规定完成相关工作。
  4 送审稿条文及说明已送有关单位和专家。
  5 无重大遗留问题。

4.4.5 送审文件初审合格后，交通运输部公路工程行业标准主管部门将行文召开标准送审稿审查会，审查人员由交通运输部公路工程行业标准主管部门代表和相关专业专家组成，专家人数应不少于9名。编写组全体成员应参加送审稿审查会。

4.4.6 标准送审稿审查会应重点针对下列内容进行审查：

1 标准是否符合国家的质量、安全、人体健康、资源节约和环境保护等政策。
2 标准的制修订内容是否能够解决当前公路建设和管理存在的突出问题，并能满足今后一段时期公路建设的发展需求。
3 标准的技术指标能否准确反映当前国内公路工程建设的实践经验，是否符合国内外公路建设的技术发展水平，数据和参数有无可靠的依据。
4 是否与相关标准内容相协调。
5 是否符合现行《公路工程标准编写导则》（JTG A04）的规定。

4.4.7 交通运输部公路工程行业标准主管部门行文下发标准送审稿审查会会议纪要，纪要应包括下列主要内容：

1 送审稿是否达到编制合同和编制大纲的要求。
2 对标准送审稿的总体评价。
3 对标准各章节的修改意见和建议。
4 对有分歧意见的倾向性处理意见。
5 会议审查人员、主审人员（如有）、编写组人员及其他主要参会人员名单。

4.5 总校阶段

4.5.1 编写组应根据送审稿审查意见和会议纪要对送审稿进行修改，由标准主编统稿后，形成标准总校稿及其条文说明。

4.5.2 标准总校稿及其条文说明经主编单位内部审查并出具意见后，由主编单位行文报送交通运输部公路工程行业标准主管部门，已明确主审人员的标准应同时抄送主审人员。

4.5.3 交通运输部公路工程行业标准主管部门可委托"中建标公路分会"或其他有关单位组织召开标准总校稿总校会。

4.5.4 总校会应由主管部门代表、主审人员、出版部门代表及编写组主要成员等组成。

4.5.5 总校会应对总校稿正文逐条审核，主要对总校稿条文的逻辑性，用词用语、符号代号的准确性、规范性和一致性进行修改和统稿，并应对条文说明是否符合行业标准编写有关要求进行审核。

4.5.6 总校会应形成会议纪要，并应由会议组织单位签发。

4.5.7 对标准总校稿中涉及重大问题的正文条款，当存在争议或需进行修改时，应书面报交通运输部公路工程行业标准主管部门审定。

4.6 报批稿阶段

4.6.1 编写组应根据总校会修改意见对总校稿进行修改和清稿，遗留重大问题应根据交通运输部公路工程行业标准主管部门审定意见修改完善，由标准主编统稿后，形成标准报批初稿及其条文说明，符合《工程建设标准强制性条文》要求的条文应用黑体字加以区别。

4.6.2 主编单位应按内部审核制度对报批初稿及其条文说明进行审核，签认同意后形成报批稿及其条文说明。

4.6.3 当报批稿内容与现行相关标准发生矛盾，且须对现行标准进行修改时，标准主编单位应提出现行标准局部修订条文建议，同时应说明修改的理由和依据。

4.6.4 报批文件由主编单位行文一式两份正式报送交通运输部公路工程行业标准主管部门，已明确主审人员的标准应同时抄送主审人员审查。报批文件应包括：
1 报批函；
2 报批报告；
3 报批稿正文及其条文说明；
4 现行标准局部修订条文建议；
5 送审稿阶段意见汇总处理表；
6 标准中的强制性条文汇编；
7 标准日常管理组人员组成及联系方式。

4.6.5 报批报告应逐章说明补充和修改的重要指标和内容，补充和修改的理由以及由此对公路工程建设带来的作用和影响；同时，应将制修订标准中的重要技术指标与现行技术先进国家相关标准或国际主流标准进行对比分析，并提出结论意见。

5 标准的发布

5.0.1 公路工程行业强制性标准和公路工程行业推荐性标准,应由交通运输部按照公路行业标准体系统一编号,批准发布。

5.0.2 公路工程行业标准的出版印刷应按国家和交通运输部有关规定执行。

6 标准的日常管理

6.0.1 主编单位负责所主编的公路工程行业标准的日常管理，承担标准日常管理组的技术支撑和保障工作。

6.0.2 标准日常管理组人员由主编单位推荐产生，组长应由主编人员担任，成员由标准编写组成员2~3人组成。考虑行业标准制修订工作的延续性，也可吸收相关中青年技术人员1~2人参加标准日常管理组工作。

6.0.3 在标准前言中应将标准日常管理组联系人人员名单及联系方式（地址、电话、传真、电子邮箱）予以公告。

6.0.4 标准日常管理组主要职责应包括下列内容：
1 负责标准具体技术条款的解释并建立台账，记录汇总有关问题及答复。
2 搜集和汇总标准实施中的问题和建议。
3 搜集和汇总国内外相关工程实践经验。
4 搜集和汇总国内外相关标准和科研成果信息资料。
5 向主编单位提出标准的修订或局部修订建议。

6.0.5 标准中重要条款的解释应经标准日常管理组讨论并形成一致意见后，由标准主编签字同意、主编单位代做书面答复。书面答复宜形成统一模板。

6.0.6 标准主编单位应于每年一季度向交通运输部公路工程行业标准主管部门提交上一年度标准编制工作报告。

7 局部修订

7.0.1 局部修订是指对现行标准个别条文进行修改或补充。

7.0.2 交通运输主管部门、具有法人资格的从事公路工程业务的企事业单位和社团组织，均可采用书面形式，向交通运输部公路工程行业标准主管部门提出对现行公路工程行业标准条文进行局部修订的建议，同时应说明修订的理由和依据。

7.0.3 交通运输部公路工程行业标准主管部门应定期或不定期组织对现行标准条文局部修订建议进行立项审查。凡现行标准条文属于下列情况之一时，应当进行局部修订：
  1 标准中部分规定已制约了科学技术新成果的推广应用。
  2 标准中部分规定经修订后，可取得明显的社会、经济或环境效益。
  3 标准中部分规定有明显缺陷或与相关标准相抵触。
  4 需对现行标准做局部补充规定。

7.0.4 标准的局部修订宜由原主编单位承担，也可由具有相关专业技术优势的单位承担。

7.0.5 局部修订的立项要求按本导则第3章的有关规定执行。

7.0.6 标准的局部修订工作程序可分为修订大纲、送审稿、报批稿三个阶段。

7.0.7 各阶段工作内容和要求应按本导则第4章的有关规定执行。

7.0.8 修订大纲和送审稿可采用审查会或函审的形式进行审查，审查由交通运输部公路工程行业标准主管部门或由其委托"中建标公路分会"主持，并应形成审查纪要。

7.0.9 局部修订后的公路工程行业标准条文，由交通运输部批准并公告。

7.0.10 局部修订的条文及其条文说明可以公告文件形式发布，也可发布单行本。

8 标准的复审

8.0.1 凡发布五年以上的标准，应进行复审，复审工作由交通运输部立项列入标准制修订年度计划。

8.0.2 复审工作可由"中建标公路分会"、标准主编单位或熟悉相关技术专业和国家政策的单位承担，拟承担单位应向交通运输部公路工程行业标准主管部门提出复审工作的申请。

8.0.3 复审工作应包括下列程序：
1 分析标准日常管理中反馈的意见。
2 就有针对性的主要问题，向有关单位寄发征求意见函及问卷，一般不应少于20个单位，同时不应少于5名专家。
3 必要时组织有关专家召开征求意见会。
4 组织召开标准复审报告审查会。

8.0.4 复审应针对下列主要内容进行逐章审查：
1 与现行相关法律、法规的规定是否一致。
2 与国家有关质量、安全、人体健康、环境保护和资源节约等政策是否一致。
3 与相关标准是否协调。
4 技术指标是否与当前公路工程建设的需求相适应。
5 技术指标是否能基本反映当前工程建设的实际经验以及行业技术发展水平。

8.0.5 复审承担单位应在年度计划下达六个月内完成复审工作，并行文将有关复审报告一式两份报交通运输部公路工程行业标准主管部门，复审报告应包括：
1 复审任务的来源；
2 复审过程中所做的主要工作；
3 标准中存在的主要问题；
4 标准复审结论（修订、局部修订、继续有效、废止）；
5 今后需要进行的主要工作；
6 如标准需修订，应按附件1填写有关内容，并推荐修订项目的承担单位。

8.0.6 复审后继续有效的标准,其复审有效期应为五年。

8.0.7 交通运输部应对复审结论予以公告。

附件1

交通运输部公路工程行业标准立项申请报告

一、项目名称

二、现状与必要性
填报要求： 1. 申报单位应按本申请报告的格式填报一式两份。 2. 如有其他内容需要说明，可附于申请报告之后。 3. 填写本报告一律采用 A4 纸，填写内容必须采用小四号宋体字打印。

三、主要内容

1. 应对主要内容、深度、目标以及工作方案进行重点阐述。

2. 应细化至编写大纲的章、节、条的深度，修订的标准应按原规范章节安排，阐述每一节中重点修订条款和新增内容；新编标准应列出拟编标准的章节安排，并阐述每一节的主要内容。

四、主编单位相关条件

1. 应符合本导则第 3 章对主编单位的要求。

2. 应说明本单位对行业标准化工作的重视和熟悉程度、在相关专业领域的技术特长和优势、在相关专业领域的技术人员团队的专业实力与水平、所承担的与相关标准有关的工程和科研项目的规模和数量等。

3. 应说明推荐的主编人员在本单位担任的职务和工作任务，以及现阶段主要承担的生产和科研项目的数量。

4. 应说明推荐的主编人员有足够的时间和精力投入标准编写工作的保障措施。

五、主编人员相关工作业绩

1. 应符合本导则第 3 章对主编人员的要求。

2. 应说明所承担过的公路工程行业标准制修订项目及在该项目中的工作任务。

3. 应说明所承担的与申请主编的标准有关的生产和科研项目名称、内容及完成情况，并说明本人在项目中的工作任务。

4. 附注：主编人员姓名、年龄、职务、职称、联系电话。

六、进度计划

应按标准编写工作阶段提出编制进度计划。

七、经费预算

应按下列项目计算费用：

1. 编写人员人工费（按技术级别和实际工作人员数计算）。
2. 专题试验研究费用（超过10万元的专题费用应在第三项主要内容中单独阐述，其研究成果也应单独提交）。
3. 差旅费（根据调研地点、人次计算）。
4. 资料费（应列出资料题目）。
5. 会议费（应根据会议次数、规模和承担的费用范围计算）。
6. 文稿打印出版费用。
7. 管理费（按总费用的5%计算）。
8. 其他费用（应列出细目并计算）。
9. 标准审查费（按总费用的5%计算）。

八、项目申报单位意见

单位负责人签字： （盖章）

年 月 日

附件 2

标准制修订项目立项申请报告初审意见表

项目名称	
项目的必要性	（简要说明理由）
立项的迫切性	（简要说明理由）
技术路线的合理性（可行性）	（简要说明理由）
目前的技术成熟程度	（简要说明理由）
主编单位和编写人员资质	（简要说明理由）
立项建议	□ 立项　　□ 暂缓立项　　□ 不立项

注：此表可根据需要调整横竖编排，但不得删减内容。

专家签名：

附件 3

标准制修订项目立项申请报告初审意见汇总表

序号	项目名称	申报单位	专家审查意见			审查意见（立项、暂缓立项、不立项）	备注（简要说明）
			立项	暂缓立项	不立项		
1							
2							
3							
4							
5							
6							
7							
8							
9							
结果汇总							

整理人：

时　间：

附件 4

交通运输部公路工程行业标准制修订合同

标准名称：　_____

主编单位：　_____

合同编号：　_____

交通运输部公路局制定

填 写 合 同 须 知

一、凡承担交通运输部公路工程行业标准制修订任务的单位，统一使用本合同。

二、填写本合同时，必须使用正楷或宋体字打印，填写内容准确齐全。

三、本合同一律采用 A4 纸打印，并应装订成册。

四、本合同由交通运输部公路局统一编号。

委托单位：_____（以下简称甲方）

主编单位：_____（以下简称乙方）

根据《中华人民共和国经济合同法》以及交通运输部《公路工程行业标准制修订管理导则》（JTG A02）及其他有关规定，经双方协商，签订本合同，并共同遵守。

第一条 制修订项目

甲方委托乙方承担以下公路工程行业标准制修订项目的编写任务。

项目名称：_____

第二条 成果的提交

本项目依次按编制大纲、征求意见稿、送审稿、总校稿、报批稿五个阶段开展制修订工作。工作进度经甲、乙双方共同协商，约定如下：

乙方按约定的时间分阶段向甲方提交下列文件：

序号	文件名称	份数	交付日期	备注
1	编制大纲	4		
2	征求意见稿	2		
3	送审稿	4		
4	总校稿	4		
5	报批稿	2		

注：1. 提交文件应用 A4 纸打印或用 16 开纸印刷，并应装订成册。
  2. 乙方提交甲方文件份数除以上规定外，还应包括征求意见、审查会议、总校会议和报批所用文件。

第三条 制修订费用及支付办法

一、本项目总的合同金额为_____万元，甲方按编写阶段成果分期向乙方付款。

二、甲方下达年度计划的当年，甲方向乙方支付_____万元。

三、乙方向甲方提交送审稿的6个月内，甲方向乙方支付_____万元。

四、本合同在执行期内，如遇到不可预见的原因，而必须进行费用调整时，甲、乙双方需另行协商签订补充协议，作为本合同的附件执行。

第四条 双方责任

一、甲方责任：
1. 按约定的日期和数量付给乙方标准制修订费用。
2. 协调乙方制修订过程中各有关单位间的关系，组织有关单位和专家讨论决定制修订中遇到的重大政策和技术问题。
3. 主持或委托主审人员或其他单位主持标准编制大纲审查会、送审稿审查会和总校会。
4. 本合同的成果，包括制修订标准、调研资料、专题研究成果和测试验证报告的所有权属甲方所有。
5. 协助乙方开展必要的调研等工作。

二、乙方责任：
1. 完成《公路工程行业标准制修订管理导则》（JTG A02）中规定的主编单位职责和任务，并负担其费用。
2. 按约定的日期向甲方提交各阶段成果。
3. 标准出版发行后，负责标准的日常管理工作及相关费用。

第五条 违约责任

一、由于甲方原因变更项目任务书或已批准的各阶段稿件，双方需重新商定提交文件的日期。

二、由于乙方原因而没有按规定的时间提交阶段成果，并且延误时间超过 5 个月时，该阶段编写费用并入下一阶段编写费用一并支付；延误时间超过 8 个月时，乙方应向甲方提交书面文件，解释延误原因，如无正常理由，则甲方有权中止合同，甲方已支付乙方的费用应全额退回甲方，并且乙方应对由于编制延误给甲方造成的损失负责。

第六条　合同生效、中止与结束

一、本合同需经甲、乙双方加盖单位公章（乙方应加盖法人公章），并且要有双方单位代表的签字（或盖章）方为有效（乙方单位代表应为法人代表或法定代表人授权的委托代理人）。本合同生效日期以甲、乙双方中最后一方签字（或盖章）的日期为准。

二、甲、乙双方因故需变更或终止本合同时，应提前一个月书面通知对方，对本合同中的遗留问题取得一致意见，形成书面协议作为本合同附件执行。未达成协议前，本合同继续有效。

三、本合同自乙方向甲方提供本合同中规定的全部成果文件，甲方按本合同规定付清全部费用之日起，结束本合同关系，本合同另有条款约定的除外。

第七条　合同纠纷的解决方式

本合同在执行过程中如发生纠纷，甲、乙双方应本着友好协商的原则，协商解决。如无法协商，则向北京市工商行政管理局经济合同仲裁委员会申请仲裁。

第八条　未尽事宜

本合同未尽事宜由甲、乙双方协商解决，并形成书面协议作为本合同附件执行。

第九条　合同文本

本合同正本一式两份，甲乙双方各执一份。副本两份，甲乙双方各执一份。

甲方盖章：　　　　　　　　　　　　乙方盖章：

日　　期：＿＿＿＿＿＿＿＿＿＿　　日　　期：＿＿＿＿＿＿＿＿＿＿

甲方代表：＿＿＿＿＿＿＿＿＿＿　　乙方法人代表：＿＿＿＿＿＿＿＿

地　　址：<u>北京市建国门内大街 11 号</u>　　地　　址：＿＿＿＿＿＿＿＿＿＿

电　　话：<u>　010－65292718　</u>　　电　　话：＿＿＿＿＿＿＿＿＿＿

邮　　编：<u>　　　100736　　　</u>　　邮　　编：＿＿＿＿＿＿＿＿＿＿

　　　　　　　　　　　　　　　　　　开户银行：＿＿＿＿＿＿＿＿＿＿

　　　　　　　　　　　　　　　　　　账　　号：＿＿＿＿＿＿＿＿＿＿

公路工程现行标准、规范、规程、指南一览表

序号	类别	编号	书名(书号)	定价(元)
1	基础	JTG A02—2013	公路工程行业标准制修订管理导则(10544)	15.00
2		JTG A04—2013	公路工程标准编写导则(10538)	20.00
3		JTJ 002—87	公路工程名词术语(0346)	22.00
4		JTJ 003—86	公路自然区划标准(0348)	16.00
5		JTG B01—2014	公路工程技术标准(11814)	98.00
6		JTG B02—2013	公路工程抗震规范(11120)	45.00
7		JTG/T B02-01—2008	公路桥梁抗震设计细则(1228)	35.00
8		JTG B03—2006	公路建设项目环境影响评价规范(0927)	26.00
9		JTG B04—2010	公路环境保护设计规范(08473)	28.00
10		JTG/T B05—2004	公路项目安全性评价指南(0784)	18.00
11		JTG B05-01—2013	公路护栏安全性能评价标准(10992)	30.00
12		JTG B06—2007	公路工程基本建设项目概算预算编制办法(06903)	26.00
13		JTG/T B06-01—2007	★公路工程概算定额(06901)	110.00
14		JTG/T B06-02—2007	★公路工程预算定额(06902)	138.00
15		JTG/T B06-03—2007	★公路工程机械台班费用定额(06900)	24.00
16		交通部定额站2009版	公路工程施工定额(07864)	78.00
17		JTG/T B07-01—2006	公路工程混凝土结构防腐蚀技术规范(0973)	16.00
18		交通部2007年第30号	国家高速公路网相关标志更换工作实施技术指南(1124)	58.00
19		交通部2007年第35号	收费公路联网收费技术要求(1126)	62.00
20		JTG B10-01—2014	公路电子不停车收费联网运营和服务规范(11566)	30.00
21		交通运输部2011年	公路工程项目建设用地指标(09402)	36.00
22	勘测	JTG C10—2007	★公路勘测规范(06570)	28.00
23		JTG/T C10—2007	★公路勘测细则(06572)	42.00
24		JTG C20—2011	公路工程地质勘察规范(09507)	65.00
25		JTG/T C21-01—2005	公路工程地质遥感勘察规范(0839)	17.00
26		JTG/T C21-02—2014	公路工程卫星图像测绘技术规程(11540)	25.00
27		JTG/T C22—2009	公路工程物探规程(1311)	28.00
28		JTG C30—2002	公路工程水文勘测设计规范(0604)	22.00
29	设计	公路	JTG D20—2006	★公路路线设计规范(0996)	38.00
30			JTG/T D21—2014	公路立体交叉设计细则(11761)	60.00
31			JTG D30—2004	公路路基设计规范(05326)	48.00
32			JTG/T D31—2008	沙漠地区公路设计与施工指南(1206)	32.00
33			JTG/T D31-02—2013	公路软土地基路堤设计与施工技术细则(10449)	40.00
34			JTG/T D31-03—2011	★采空区公路设计与施工技术细则(09181)	40.00
35			JTG/T D31-04—2012	多年冻土地区公路设计与施工技术细则(10260)	40.00
36			JTG/T D32—2012	公路土工合成材料应用技术规范(09908)	42.00
37			JTG D40—2011	★公路水泥混凝土路面设计规范(09463)	40.00
38			JTG D50—2006	★公路沥青路面设计规范(06248)	36.00
39			JTG/T D33—2012	公路排水设计规范(10337)	40.00
40		桥隧	JTG D60—2004	公路桥涵设计通用规范(05068)	24.00
41			JTG/T D60-01—2004	公路桥梁抗风设计规范(0814)	28.00
42			JTG D61—2005	公路圬工桥涵设计规范(0887)	19.00
43			JTG D62—2004	公路钢筋混凝土及预应力混凝土桥涵设计规范(05052)	48.00
44			JTG D63—2007	公路桥涵地基与基础设计规范(06892)	48.00
45			JTJ 025—86	公路桥涵钢结构及木结构设计规范(0176)	20.00
46			JTG/T D65-01—2007	公路斜拉桥设计细则(1125)	28.00
47			JTG/T D65-04—2007	公路涵洞设计细则(06628)	26.00
48			JTG D70—2004	公路隧道设计规范(05180)	50.00
49			JTG/T D70—2010	★公路隧道设计细则(08478)	66.00
50			JTG D70/2—2014	公路隧道设计规范 第二册 交通工程与附属设施(11543)	50.00
51			JTG/T D70/2-01—2014	公路隧道照明设计细则(11541)	35.00
52			JTG/T D70/2-02—2014	公路隧道通风设计细则(11546)	70.00
53		交通工程	JTG D80—2006	高速公路交通工程及沿线设施设计通用规范(0998)	25.00
54			JTG D81—2006	★公路交通安全设施设计规范(0977)	25.00
55			JTG/T D81—2006	★公路交通安全设施设计细则(0997)	35.00
56			JTG D82—2009	公路交通标志和标线设置规范(07947)	116.00
57		综合	交公路发〔2007〕358号	公路工程基本建设项目设计文件编制办法(06746)	26.00
58			交公路发〔2007〕358号	公路工程基本建设项目设计文件图表示例(06770)	600.00

续上表

序号	类别	编号	书名(书号)	定价(元)
59	检测	JTG E20—2011	公路工程沥青及沥青混合料试验规程(09468)	106.00
60		JTG E30—2005	公路工程水泥及水泥混凝土试验规程(0830)	32.00
61		JTG E40—2007	★公路土工试验规程(06794)	79.00
62		JTG E41—2005	公路工程岩石试验规程(0828)	18.00
63		JTG E42—2005	公路工程集料试验规程(0829)	30.00
64		JTG E50—2006	★公路工程土工合成材料试验规程(0982)	28.00
65		JTG E51—2009	公路工程无机结合料稳定材料试验规程(08046)	48.00
66		JTG E60—2008	公路路基路面现场测试规程(07296)	38.00
67		JTG/T E61—2014	公路路面技术状况自动化检测规程(11830)	25.00
68	施工 公路	JTG F10—2006	公路路基施工技术规范(06221)	40.00
69		JTJ 034—2000	公路路面基层施工技术规范(0431)	20.00
70		JTG/T F30—2014	公路水泥混凝土路面施工技术细则(11244)	60.00
71		JTG/T F31—2014	公路水泥混凝土路面再生利用技术细则(11360)	30.00
72		JTJ 037.1—2000	公路水泥混凝土路面滑模施工技术规程(0425)	16.00
73		JTG F40—2004	公路沥青路面施工技术规范(05328)	38.00
74		JTG F41—2008	公路沥青路面再生技术规范(07105)	25.00
75	桥隧	JTG/T F50—2011	★公路桥涵施工技术规范(09224)	110.00
76		JTG/T F81-01—2004	公路工程基桩动测技术规程(0783)	20.00
77		JTG F60—2009	公路隧道施工技术规范(07992)	42.00
78		JTG/T F60—2009	公路隧道施工技术细则(07991)	58.00
79	交通	JTG F71—2006	★公路交通安全设施施工技术规范(0976)	20.00
80		JTG/T F72—2011	公路隧道交通工程与附属设施施工技术规范(09509)	35.00
81	质检安全	JTG F80/1—2004	公路工程质量检验评定标准 第一册 土建工程(05327)	46.00
82		JTG F80/2—2004	公路工程质量检验评定标准 第二册 机电工程(05325)	26.00
83		JTG G10—2006	公路工程施工监理规范(06267)	20.00
84		JTJ 076—95	公路工程施工安全技术规程(0049)	12.00
85	养护管理	JTG H10—2009	公路养护技术规范(08071)	49.00
86		JTJ 073.1—2001	公路水泥混凝土路面养护技术规范(0520)	12.00
87		JTJ 073.2—2001	公路沥青路面养护技术规范(0551)	13.00
88		JTG H11—2004	公路桥涵养护规范(05025)	30.00
89		JTG H12—2003	公路隧道养护技术规范(0695)	26.00
90		JTG H20—2007	公路技术状况评定标准(1140)	15.00
91		JTG/T H21—2011	★公路桥梁技术状况评定标准(09324)	46.00
92		JTG H30—2004	公路养护安全作业规程(05154)	36.00
93		JTG H40—2002	公路养护工程预算编制导则(0641)	9.00
94	加固设计与施工	JTG/T J21—2011	公路桥梁承载能力检测评定规程(09480)	20.00
95		JTG/T J22—2008	公路桥梁加固设计规范(07380)	52.00
96		JTG/T J23—2008	公路桥梁加固施工技术规范(07378)	30.00
97	造价	JTG M20—2011	公路工程基本建设项目投资估算编制办法(09557)	30.00
98		JTG/T M21—2011	公路工程估算指标(09531)	110.00
1	技术指南	交公便字[2006]02号	公路工程水泥混凝土外加剂与掺合料应用技术指南(0925)	50.00
2		交公便字[2006]02号	公路工程抗冻设计与施工技术指南(0926)	26.00
3		厅公路字[2006]418号	公路安全保障工程实施技术指南(1034)	40.00
4		交公便字[2006]274号	公路钢箱梁桥面铺装设计与施工技术指南(1008)	25.00
5		交公便字[2009]145号	公路交通标志和标线设置手册(07990)	165.00

注:JTG——公路工程行业标准体系;JTG/T——公路工程行业推荐性标准体系;JTJ——仍在执行的公路工程原行业标准体系。
批发业务电话:010-59757973;零售业务电话:010-85285659(北京);网上书店电话:010-59757908;业务咨询电话:010-85285922。带"★"的表示有勘误,详见 www.ccpress.com.cn 人民交通出版社网站首页。